Como Traduzir Seus Livros Sem Gastar Um Centavo

Prasenjeet Kumar

Published by Publish With Prasen, 2019.

COMO TRADUZIR SEUS LIVROS SEM GASTAR UM CENTAVO

First edition. June 29, 2019.

Written by Prasenjeet Kumar.

Índice Analítico

———

A Retrotradução Hilariante de Mark Twain

"Os seres humanos são falíveis, fato que tomamos maior consciência quando traduzimos um documento. Idiomas diferentes têm palavras diferentes para a mesma coisa, ou assim pensamos. A verdade é que essas palavras para a mesma coisa têm pequenas diferenças de conotações em cada idioma. Além de considerar a precisão da tradução, ainda temos que lidar com essas pequenas diferenças. O resultado é que toda tradução é um pouco diferente do original, fato comicamente ressaltado pelo processo de retrotradução.

Na retrotradução o documento é traduzido de um idioma para outro e posteriormente traduzido novamente para o idioma original. Mark Twain fez uma retrotradução hilariante de uma de suas estórias, "A célebre rã saltadora do Condado de Calaveras", que foi traduzida para o francês. Uma das razões que a retrotradução soa tão engraçada decorre do fato de o original incluir uma grande quantidade de falas coloquiais. Por exemplo, Mark Twain escreveu "ele foi o homem mais curioso em sempre apostar em coisas nunca vistas, quando encontrava alguém que apostasse do outro lado; caso contrário, ele mudava de lado."

Na retrotradução essa sentença aparece como "mas de toda forma, ele foi um homem fã de apostar que alguém já viu, apostando em tudo apresentado, quando ele podia encontrar um adversário; e quando ele não isso não podia ele passava para o lado oposto."

Às vezes, essa retrotradução se deteriora em confusão. É óbvio que Mark Twain fez isso propositalmente para torná-la mais hilariante. Ele poderia ter suavizado as partes sem sentido, como "quando ele não isso não podia", mas ele optou por traduzir ao pé da letra para enfatizar as limitações da tradução.

Esse é um exemplo extremo dos perigos da tradução e de aspectos aos quais o tradutor deve ficar atento. Entretanto, isso ressalta a dificuldade e a delicadeza do trabalho do tradutor, que não deve ser feito levianamente. Na (nome da empresa de tradução) nossos tradutores conhecem as armadilhas da tradução e farão o possível para traduzir seus documentos para o idioma de sua escolha com precisão. "Contate-nos para serviços que levem em consideração precisão e legibilidade".

Essa citação sobre a retrotradução hilariante de Mark Twain é de uma homepage de uma companhia de serviços de tradução (nome não revelado) fazendo publicidade de seus serviços.

Capítulo 1: Por que seus livros devem ser traduzidos?

Você deve conhecer a história de um desconhecido Editor brasileiro que publicou, em 1987, um também desconhecido autor brasileiro. O editor esclareceu ao autor que ele não deveria esperar que o livro tivesse um grande sucesso de vendas e que, ao contrário, ele poderia ter mais lucro investindo na bolsa de valores.

Desapontado, o escritor decidiu fazer sua própria iniciativa de comercialização. O livro foi traduzido e colocado, de forma desesperada, em algumas redes de compartilhamento de arquivos por "peer-to-peer" (como a Bit Torrent), o que muita gente acredita ser um incentivo à pirataria. A lógica do escritor era "quando o leitor tem a possibilidade de ler alguns capítulos, ele pode acabar decidindo comprar o livro mais tarde".

Subitamente, o livro tornou-se um best-seller "inesperado" em toda a França no início dos anos 90 . Não havia como retroceder depois disso.

Em setembro de 2012 o livro já havia atingido a marca de mais de 65 milhões de cópias vendidas, em 67 idiomas. Ele se tornou um dos livros mais vendidos da história, entrando para o Recorde Mundial do Guinness como o livro mais traduzido de um escritor vivo. Na semana que terminou em 25 de maio de 2014, o romance já havia sido incluído por 303 semanas consecutivas na lista de best-sellers do New York Times. Sua edição impressa continua até hoje sendo um item permanente nas livrarias.

Esse livro foi **O Alquimista**, romance de Paulo Coelho, escrito originalmente em português.

E os capítulos do livro *O Alquimista* estão ainda disponíveis no *Google Books* e na agência Sant Jordi Associados, do próprio Paulo Coelho.

Uma lição bem simples: é claro que você escreve seu livro para um determinado público. No entanto, você está ciente de que um grande público que não fala o seu idioma adoraria ler seu livro, acompanhar seu trabalho e ficar louco por você?

Você conheceria **A Bíblia**, um dos textos religiosos mais antigos da humanidade, se ela não tivesse sido traduzida do idioma original hebreu para o grego, depois para o latim e atualmente para mais de 450 idiomas?

A história comprova o poder da palavra escrita, mas traduções de obras poderosas podem ser igualmente significantes. **O Alcorão**, apesar de protestos de puristas, que consideram apenas a versão original em árabe como sagrada, foi traduzido para mais de 100 idiomas.

O budismo não poderia ter chegado à China, ao Japão e à Coreia, vindo da distante costa Indiana, se os **Sutras Budistas** não tivessem sido traduzidos para esses idiomas, com alguns temperos locais.

Não seria, portanto, um exagero dizer que algumas traduções famosas com certeza mudaram o mundo.

Entretanto, a leitura de obras traduzidas para o inglês tem sido popularmente um processo unilateral. Tanto é que muitos desfrutam do clássico **Don Quixote** de Miguel de Cervantes, sem se preocuparem se o que estão lendo em inglês é realmente uma excelente tradução feita por Edith Grossman, a partir do original espanhol. Leitores de língua inglesa leem os **Três Mosqueteiros** de Alexandre Dumas graças à Lord Sudley, que o traduziu do original francês.

Idem para **Os Miseráveis** de Victor Hugo (traduzido por Lee Fahnestock e Norman MacAfee); **Cem Anos de Solidão** de Gabriel García Márquez (traduzido por Gregory Rabassa); **Crime e Castigo** de Fyodor Dostoyevsky (traduzido por Richard Pevear e Larissa Volokhonsky); **Anna Karenina** de Leo Tolstoy (traduzido por Richard Pevear e Larissa Volokhonsky); **O Estrangeiro** de Albert Camus (traduzido por Matthew Ward); etc., etc.

E até mesmo o **Esperando Godot** de Samuel Beckett foi escrito originalmente em francês (como **En attendant Godot** em 1953) e depois traduzido para o inglês pelo próprio Samuel Beckett!

Contudo, o que queremos enfatizar neste livro é o trabalho de traduzir seu livro do inglês para outros idiomas ou vice versa, se esse for o seu caso. Isso pode resultar no alcance de mercados novos e inexplorados que você ingenuamente desconhece.

Isso pode também representar, como os especialistas recomendam, uma maneira excelente de "redirecionar o seu árduo trabalho", obtendo o máximo proveito do conteúdo que você já escreveu. Portanto, pense no seu manuscrito não apenas como um livro, mas como uma fonte múltipla de renda, que pode vir de diferentes formatos como:

* E-book

* Impresso

* Livros áudio e

* Versões traduzidas

Você pode ficar surpreso em saber que o venerável formato Kindle suporta atualmente 34 idiomas, em ordem alfabética:

1. Africâner
2. Alemão
3. Alsaciano
4. Basco
5. Bokmål Norueguês
6. Bretão
7. Catalão
8. Córnico
9. Córso
10. Dinamarquês
11. Escocês
12. Espanhol
13. Finlandês
14. Francês
15. Frísio
16. Frísio ocidental
17. Frísio oriental
18. Gaélico escocês

19. Galego
20. Galês
21. Holandês/Flamengo
22. Inglês
23. Irlandês
24. Islandês
25. Italiano
26. Japonês
27. Luxemburguês
28. Manês
29. Norueguês
30. Novo norueguês
31. Português
32. Provençal
33. Romanche
34. Sueco

No "mundo da tradução" o espanhol é considerado o segundo idioma mais popular, depois do mandarim. O espanhol é falado na Espanha, na maioria dos países da América do Sul e em algumas partes dos Estados Unidos.

O alemão é também um idioma popular para a tradução de livros. A escritora Joanna Penn em seu livro "**Business for Authors: How to be an Author Entrepreneur**" (Negócios para Escritores: Como se tornar um Escritor empreendedor), menciona que a Alemanha, com uma população de 80 milhões (em comparação com os 300 milhões dos EUA) tem um volume de vendas de livros próximo de 40% do volume de vendas dos EUA. Isso indica que os alemães são leitores vorazes. O idioma alemão é também falado na Áustria e em algumas partes da Suíça, e o mercado de e-books na Alemanha é o terceiro maior do mundo, ficando atrás apenas dos EUA e do Reino Unido.

Portanto, uma grande razão para traduzir seus livros é alcançar novos leitores e expandir sua presença em territórios que não falam seu idioma. Entretanto, você enfrentará grandes desafios para transformar esse sonho em realidade.

Desafios enfrentados por Autores Independentes com a Tradução de seus Livros

O primeiro grande desafio é com certeza o custo. Conheço alguns escritores de renome que gastam milhares de dólares para traduzir seus livros para o alemão, o espanhol ou o chinês.

Se você tem como pagar, essa pode ser uma opção. Porém, o grande risco desse empreendimento é que talvez a venda de seu livro em idiomas exóticos não cubra nem mesmo os custos da tradução. Isso seria uma aventura arruinada desde o início, não é mesmo?

Se você é um escritor iniciante, batalhador e desconhecido, esse caminho inacessível e caro definitivamente NÃO é para você.

Tem outro problema. Se você é um escritor "desconhecido" no mercado inglês/português, possivelmente não conseguirá tradutores experientes.

E se você entra em contato com alguém menos conhecido, como assegurar que a tradução tem boa qualidade?

Uma situação sem saída, não é?

A questão do KDP Select

Muitos dos meus amigos escritores afirmam que gostariam muito de traduzir seus livros, mas não podem fazê-lo pelo fato de seus livros estarem cadastrados no KDP Select.

Para quem não sabe, o KDP Select é um programa através do qual o autor concede exclusividade à Amazon em troca de algumas ferramentas promocionais poderosas. Isso significa também que o livro (no seu formato digital, mas NÃO no formato impresso ou como áudio book) NÃO pode ser disponibilizado para vendas em qualquer outro lugar, como na Apple, no Kobo, no Nook, no Google Play, etc.

Naturalmente, a pergunta da qual meus amigos estavam curiosos para saber a resposta era se essa exclusividade de aplicaria aos e-books traduzidos.

A boa notícia é que a resposta é NÃO. É perfeitamente legítimo que você traduza seu livro para outros idiomas, mesmo que ele esteja no KDP Select. Na verdade sete entre nove livros são traduzidos. Ficou surpreso?

O escritor Steve Scott questionou especificamente esse ponto junto à equipe da Amazon. A resposta foi que um livro traduzido é totalmente diferente do original em inglês. O traduzido tem título e descrição diferentes. Portanto não existe absolutamente nenhum problema.

As regras do KDP Select se aplicam apenas ao livro listado no programa e não às suas traduções, a menos, é claro, que você mantenha suas traduções também no KDP Select.

Passaremos então agora a discutir os diferentes modelos de negócios que um escritor independente pode utilizar para traduzir seus livros. Em alguns modelos, os custos são pagos antecipadamente, e outros modelos utilizam o sistema de divisão dos direitos autorais.

Matéria para Reflexão

O primeiro documento legal bilíngue do mundo foi o Tratado de Kadesh, que os egípcios e os hititas assinaram no século XIII AC. Esse acordo de paz foi também o primeiro acordo diplomático conhecido no Oriente Médio e é o tratado escrito mais antigo que sobreviveu até a atualidade.

O tratado foi registrado tanto em hieróglifos egípcios como em escrita hitita, em tabuletas de barro endurecido. Curiosamente, até mesmo naquele tempo, a tradução não podia ser literal. A terminologia da versão hitita do tratado era um tanto evasiva, enquanto que a da versão egípcia era franca e direta.

Capítulo 2: Modelos tradicionais de Tradução

———

P agamento antecipado dos custos

A maneira mais comum de traduzir seu livro é através do pagamento antecipado ao tradutor. Muitos tradutores experientes cobram em torno de 2.000 a 7.000 dólares americanos para traduzir seu manuscrito. Porém, a maioria dos escritores independentes não pode arcar com esses valores.

O método mais barato então seria o uso de sites como o Elance (www.elance.com) ou o Fiverr (www.fiverr.com) para contratar um tradutor freelance. Eu pessoalmente nunca usei esses sites para traduções, mas a escritora Shelley Hitz tem tido algum sucesso com o método.

Ela descreve que simplesmente "postou um job" on-line no Elance e recebeu imediatamente mais de 20 propostas de tradutores oferecendo para traduzir seu livro por um valor bem baixo. Ela não menciona o valor, mas em algum momento ela finalmente diz que decidiu pagar aproximadamente 100 dólares.

A Escolha do Tradutor Apropriado

Shelley diz que considerou alguns fatores antes de firmar o acordo com o tradutor.

No Elance, cada tradutor tem um histórico dos trabalhos concluídos e a respectiva avaliação. Ela decidiu escolher um tradutor que tivesse o maior número de trabalhos concluídos e a maior pontuação na avaliação. Isso significou um tradutor que tivesse "concluído" traduções de contratos prévios (e não as tivesse abandonado!) e cujos autores estivessem razoavelmente satisfeitos com os resultados (por isso a alta pontuação). Entretanto, o tradutor escolhido por Shelley cobrava um pouco mais que os outros tradutores.

O próximo passo de Shelley Hitz foi assinar um acordo de confidencialidade e sigilo (NDA em inglês) com o tradutor. Por meio desse acordo, o tradutor concorda em utilizar o conteúdo do livro somente para o propósito da tradução e concorda também que a editora permanecerá como a única proprietária do conteúdo do livro.

A contratação de um Revisor/Editor

Após a tradução, você tem que encontrar um revisor/editor para garantir que seu livro tenha sido traduzido corretamente. A escritora Shelley Hitz pagou ao revisor aproximadamente 45% do valor pago ao tradutor.

O revisor confirmou que a tradução era de boa qualidade e recomendou apenas poucas mudanças.

Formato e Publicação

Na etapa seguinte, Shelley formatou o livro para o Kindle e o CreateSpace. Depois que o livro foi publicado para o Kindle, ela postou um novo projeto no ACX para que a versão espanhola fosse publicada como um áudio-book. Ela então alterou a capa do livro para incluir o título em espanhol.

Shelley sugere preparar alguns conteúdos se você deseja traduzir seus livros:

* Uma descrição do livro

* Sua biografia

* A configuração da lauda

* Seus e-mails devem ser configurados para resposta automática (ela recomenda criar uma lista de e-mails especificamente para o público daquele idioma).

Ocasionalmente, ela usa o **Google Translate** para traduzir textos das mensagens de resposta automática.

Eu, pessoalmente, me sinto desconfortável em usar o *Google Translate* porque frequentemente as traduções, como Mark Twain definiu tão hilariamente, ficam horríveis. O pior é que elas não soam humanas. Ao contrário, elas soam como uma produção grosseira gerada pelo computador.

Certa vez traduzi um texto em inglês para a minha língua nativa, o hindi, e os resultados foram horripilantes. O texto saiu todo misturado, com sentenças incompletas ou partidas. A mensagem do texto ficou literalmente "perdida na tradução".

Entretanto, a escritora Shelley Hitz afirma que, como ela teve aulas de espanhol durante o ensino médio e a faculdade, consegue avaliar se a tradução está correta.

Uso de categorias específicas de linguagem via KDP na Amazon

Na experiência de Shelley, sempre que ela escolhia categorias normais no KDP, seu livro era listado como um livro em inglês nos sites da Amazon para o México e para a Espanha. Portanto, ela pesquisava as categorias exatas desejadas para esses dois países de língua espanhola e solicitava a mudança manualmente através do suporte do KDP.

Ela detalha o processo completo:

Para incluir seu livro na categoria: "Loja Kindle > e-Books Kindle > Idiomas Estrangeiros > Espanhol", a configuração do idioma tem que ser "Espanhol".

Para mudar a configuração de idioma do livro:

1. Faça login: https://kdp.amazon.com/?language=pt_BR

2. Localize o livro que deseja atualizar e, na coluna "Outras ações para o livro", clique em "Editar detalhes do livro".

3. Na sessão "Idioma", altere de Inglês para Espanhol.

4. Vá ao fim da página e clique "Salvar e Continuar".

5. Confirme que você tem todos os direitos de publicação clicando no quadro no fim da página.

6. Clique em "Salvar & Publicar".

Para maiores detalhes visite o site da Shelley:

http://www.trainingauthors.com/how-to-translate-your-book/

Como mencionei no início, um dos lados negativos do modelo de pagamento antecipado é o risco financeiro. Você investe centenas de dólares na tradução do seu trabalho e, se o livro não vender nem uma única cópia no mercado estrangeiro, o risco é todo seu.

O outro ponto negativo é que, como o tradutor é pago antecipadamente, ele não precisa fazer nenhum esforço para a comercialização do livro no seu país. Ele já recebeu o pagamento e a comercialização fica por sua conta.

O terceiro perigo é que mesmo se a tradução for ruim, o tradutor não sofrerá as consequências da má divulgação e baixo volume de vendas. Você (o autor) fica com a bomba na mão!

Agora vamos ao próximo modelo:

Divisão de Direitos Autorais/Modelo Share

O segundo modelo, que é o mais utilizado por escritores independentes, consiste na divisão de direitos autorais/modelo share. Isso significa que os direitos autorais do escritor são compartilhados com o tradutor. A autora Joanna Penn utiliza o modelo de divisão de 50:50, ou seja, ela paga metade de seus direitos autorais ao tradutor.

Esse modelo pode ser financeiramente benéfico em longo prazo. O tradutor se envolve no processo de comercialização desde seu início, pois ele tem interesse na venda do livro. Além disso, essa é uma forma de assegurar que a tradução seja de boa qualidade. Uma tradução pobre atrai muitas avaliações negativas, que resultam em baixo número de vendas e, consequentemente, na baixa receita do tradutor. Portanto, esse modelo garante que o tradutor desenvolva um interesse próprio na criação de um bom produto.

A escritora Joanna Penn considera a colaboração com tradutores um ótimo caminho para compartilhar esse desafio. No esquema dela, o tradutor compartilha todos os custos de ter a tradução no mercado e fica em pé de igualdade com o autor em relação à checagem de e-mails, entrevistas em blogs, entrevistas coletivas, sinopses do livro e todo o processo de comercialização.

Esse é um modelo de risco zero, uma vez que o risco é compartilhado entre você e o tradutor. Assim, fica mais fácil se aventurar. Além disso, se seu livro traduzido não vender nenhum exemplar, você não tem muitas perdas financeiras.

O ponto delicado desse modelo é que os papéis e as respectivas responsabilidades do autor e do tradutor devem ser definidos cuidadosamente desde o início. Você deve ter clareza absoluta de assuntos como:

* Quem fará a auto publicação do livro? Em geral, o autor publica o livro e mantém o controle de relatórios dos direitos autorais.

* Com que frequência o tradutor receberá o relatório dos direitos autorais? Semanalmente, a cada 15 dias, mensalmente, a cada quatro meses, anualmente......

* Quais serão os papéis de cada um na comercialização? Por exemplo, quem dará entrevistas em blogs, visitará blogs, fará sinopses do livro, participará em entrevistas coletivas, etc.

* Quem pagará os custos do livro traduzido? Por exemplo, um novo design da capa, a formatação, uploads de arquivos, relações públicas, visitas a blogs, sinopse do livro, etc.

O mais importante é que o autor e o tradutor tenham total confiança um no outro. Você deve ter certeza de que o tradutor fez um bom trabalho, e o tradutor deve confiar na sua honestidade quanto ao envio dos relatórios e pagamentos dos direitos autorais.

Portanto, se você é um escritor experiente e está interessado em ter seu próprio tradutor, ou vice versa, o modelo de divisão de direitos autorais/modelo share pode ser uma boa opção.

Porém, se você não é um escritor conhecido, não perca as esperanças.

Falaremos mais sobre isso no próximo capítulo.

Capítulo 3: Traduza seus Livros Sem Gastar um Centavo: O Método Babelcube

———

Existe uma nova possibilidade, sob o nome de Babelcube, que parece ser uma grande solução para traduzir seus livros GRATUITAMENTE.

NÃO sou afiliado a eles de forma alguma. Sou apenas um usuário comum que já teve experiências extraordinárias com os serviços que eles oferecem.

Mas vamos por partes. Se você não conhece o Babelcube, deixe-me explicar como o serviço oferecido (www.babelcube.com) torna absolutamente possível (e eminentemente accessível) para nós, autores desconhecidos, "contratar" um tradutor.

O Babelcube basicamente possibilita, em sua plataforma, a interação entre autores e tradutores de forma independente, em geral sem nenhuma moderação, e absolutamente SEM CUSTOS.

Eles afirmam ter tradutores registrados para mais de dez idiomas e poder distribuir seus livros traduzidos através de mais de 300 distribuidoras no mundo todo.

Sabendo que a maioria dos escritores desconhecidos hesita em abordar um tradutor, o Babelcube fornece um serviço onde tradutores interessados em traduzir determinado livro fazem contato com o AUTOR. Você não precisa fazer muita coisa, ex-

ceto criar uma conta, montar seu perfil e fazer o upload do manuscrito, da descrição do livro e de alguns outros detalhes. Depois
é só esperar a magia começar.

O Babelcube também trabalha com o modelo de divisão de direitos autorais/modelo share. Essa é uma boa notícia, pois você não
precisa pagar nada antecipadamente ao tradutor. O que você tem
que fazer (e na verdade o Babelcube também faz isso) é compartilhar, a partir das vendas do livro, os direitos autorais com todas
as partes, utilizando uma escala móvel.

Por exemplo, se a venda de seu livro for inferior a 2.000 dólares, o
tradutor receberá 55% do valor; você como detentor dos direitos
receberá 35% e o Babelcube retém um montante fixo de 15%. Isso é bem diferente do modelo de divisão 50:50 discutido no capítulo anterior.

Sua participação vai aumentando à medida que as vendas ultra-
passem os 2.000 dólares. De 2.000 a 5.000 dólares, você recebe
45%, o tradutor 40% e o Babelcube mantém o montante fixo de
15%.

Se as vendas atingirem entre 5.000 e 8.000 dólares, você recebe
65% e o tradutor 20% da receita.

E se as vendas ultrapassarem 8.000 dólares, você alcançou o *Nir-
vana*, pois vai receber 75%, enquanto o tradutor receberá apenas
10%.

Portanto, como se nota, sua participação vai aumentando à medida que as vendas crescem. Se considerarmos que a maioria dos
autores desconhecidos vende até 2.000 dólares, você tem 35%

da renda garantidos. Isso pode parecer de cara um pouco desanimador quando comparado ao modelo de divisão 50:50/modelo share. Porém, como o tradutor tem uma participação maior, espera-se que ele se empenhe mais para criar um bom produto, além de se empenhar também para aumentar as vendas em seu país; pelo menos teoricamente.

Minha Experiência com o Babelcube

Para ser franco, tudo isso soava muito bom pra ser verdade. Evidentemente fiquei muito, muito cético.

Fiquei sem entender: "Porque um tradutor arriscaria traduzir um livro de um autor desconhecido sem cobrar nada antecipadamente?"

Mas por outro lado eu também me perguntava: e por que não tentar esse novo conceito? Não tenho muito a perder; a não ser o medo de ter meus livros pirateados. Mas como aprendi com o Paulo Coelho, cujos livros foram pirateados em russo aos milhares, isso pode não ser tão ruim para reduzir seu anonimato!

No Babelcube, você não paga nada para criar uma conta, criar seu perfil, carregar a capa do seu livro, adicionar a descrição do livro, mencionar o nível atual de vendas, nem para anexar o manuscrito final em MS-Word. Na pior das hipóteses, isso pode consumir meia hora do seu trabalho.

Fiz então meu registro e carreguei todos os meus livros em maio de 2014 e não pensei mais nisso. Em poucas semanas comecei a receber ofertas de tradutores da Turquia, Brasil, Itália e Espanha que, aparentemente, viam um mercado para meus livros em seus respectivos países. Foi uma surpresa muito agradável.

Qualificação dos tradutores

Algumas das ofertas que recebi vinham de tradutores muito bem qualificados. No Babelcube, você pode verificar o perfil de cada tradutor.

No entanto, alguns eram simples estudantes buscando alguma exposição (e dinheiro extra), antes de concluírem a graduação. Não tive nenhum problema com estudantes universitários em busca de alguma experiência prática, MAS hesitei um pouco em ter meu manuscrito sendo usado como cobaia.

A questão do editor/revisor

Em relação aos meus manuscritos em inglês, tenho muito cuidado em segurar (*opa! assegurar*) que o livro não contenha erros e que seja de fácil leitura. Eu queria que o mesmo cuidado fosse tomado também com as traduções. Algumas pessoas me sugeriram usar o Fiverr para encontrar um revisor, mas eu não sabia se podia realmente confiar naquelas pessoas e se valeria a pena ter custos adicionais fora do âmbito do Babelcube.

Nesse exato momento me ocorreu: *Eureka!* Porque não perguntar aos tradutores se eles não trabalhavam com um editor/revisor? E caso afirmativo, porque não colocar também o nome do revisor no contrato e o respectivo percentual da receita a ser compartilhado com ele? Isso garantiria que ambos, tradutor e revisor, tivessem participação adequada no produto final.

Alguns tradutores me disseram que revisavam seus próprios trabalhos, o que me causou certo desconforto.

Entretanto, a maioria dos meus tradutores conseguiu encontrar um editor/revisor no próprio Babelcube e refaziam suas ofertas incorporando os nomes dos revisores no contrato. Em geral, os tradutores concordavam em compartilhar seus direitos autorais com os revisores na faixa de 85:15, ou seja, o tradutor principal recebia 85% e o revisor 15% (dos 55% de direitos autorais relativos às vendas até 2.000 dólares).

A publicação com o Babelcube

Em dezembro de 2014, meu primeiro livro '*How To Cook In A Jiffy Even If You Have Never Boiled An Egg Before*' foi traduzido para o português (Como Cozinhar em um Instante Mesmo se Você Nunca Cozinhou Sequer um Ovo). O trabalho foi tranquilo. Fiquei apenas um pouco preocupado quanto à formatação do e-book, mas o Babelcube se encarregou disso. Foi muito prazeroso trabalhar com minha tradutora Patrícia Chamorro.

Em poucas semanas, o livro foi distribuído pela Amazon, Apple, Barnes & Noble, Baker & Taylor, Chegg, Follet, Gardner, Google Play, Inkterra, Overdrive, Page Foundry, Scribd, Tolino, 3M, etc.

Fiquei também positivamente surpreendido com as vendas imediatas através do Google Play, do Scribd e da Apple. Para os demais sites existem, aparentemente, defasagens nas notificações, pois como o presidente executivo da Babelcube, Mark Dresdner, explica: eles não têm "interligações em tempo real" com muitas plataformas.

Mas tive más experiências também.

A Experiência Negativa

Um tradutor se comprometeu a traduzir meu livro para o espanhol em 30 dias. Seu perfil parecia bastante profissional. Ele era também escritor e já havia publicado dois livros em inglês na Amazon. Fiquei bem impressionado e decidi assinar o contrato com ele.

Algumas semanas mais tarde, ele me comunicou que tinha planos de entrar na faculdade e que não poderia continuar com a tradução. Disse ainda que já havia informado o Babelcube sobre a desistência.

Esse tradutor tinha assumido traduzir outros livros e cancelou também os outros contratos. Isso deixa os autores (inclusive eu) furiosos. Como resultado, esse tradutor obteve muitas pontuações 1 estrela e mesmo 0,5 estrela (sim, no Babelcube é possível obter avaliação 0,5 estrela).

Acho que era o máximo que podíamos fazer, além de levantar as mãos em desespero. A má avaliação vai certamente prejudicar a reputação do tradutor, caso ele decida voltar a fazer traduções no futuro.

Essa foi uma experiência desconcertante, mas não culpo o Babelcube. A culpa foi inteiramente do tradutor. Entrar na faculdade com certeza não foi uma decisão de última hora. Fazer uma oferta e depois voltar atrás foi uma atitude um pouco antiética do tradutor.

Isso pode acontecer com qualquer um, mesmo fora do sistema Babelcube, e poderia ter sido um grande problema se o tradutor já tivesse recebido algum pagamento adiantado. Pelo menos não perdi dinheiro e não tive que pedir de volta nenhum pagamento. A perda foi exclusivamente do tradutor, que teve avaliações de autores não recomendando seu trabalho para outros autores.

Portanto, você não tem muito a perder, até mesmo quando o tradutor não cumpre o contrato.

Os Pontos Positivos

Foi muito bom trabalhar com meus outros tradutores. Alguns até me mostraram alguns erros tipográficos, que passaram despercebidos por dois revisores da versão original em inglês. Outros me fizeram algumas perguntas muito inteligentes.

A tradutora, que traduziu meu segundo livro '*Home Style Indian Cooking In A Jiffy*' (Culinária Indiana Caseira Num Instante) para o italiano, ficou admirada, por exemplo, com o número de óleos de cozinha que usamos na Índia: mostarda, amendoim, soja, sésamo, coco e até mesmo azeite de oliva. Quando os italianos dizem óleo de cozinha eles só se referem ao azeite de oliva. Ela então me perguntou como deveria traduzir "óleo de cozinha". Paralisado, respondi que se o azeite de oliva era o único óleo de cozinha disponível na Itália, não haveria nenhum problema em traduzir óleo de cozinha como azeite de oliva!

Ferramentas promocionais

O Babelcube também introduziu (como a Amazon) duas ferramentas promocionais através das quais você pode disponibilizar seu livro GRATUITAMENTE por um período limitado de tempo (7 dias), ou oferecer, durante 7 dias, um desconto em todos os sites distribuidores. Algo parecido com as ferramentas promocionais do KDP Select.

O Babelcube permite ainda que você tenha seu livro PERMA-NENTEMENTE GRATUITO (com o consentimento do tradutor, é claro!), para aumentar sua visibilidade.

Estabelecendo o preço do seu livro

O Babelcube sugere um preço entre 2,99 e 9,99 dólares, o mesmo sugerido pela Amazon.

Brochura

O Babelcube também introduziu agora uma opção Brochura. Você usa o mesmo manuscrito do e-book enviado pelo tradutor, sem fazer nenhuma alteração do formato. Resolvi a questão do design da capa através do programa CreateSpace, utilizando a mesma imagem, porém com o título traduzido. Finalmente, tive que converter a imagem JPEG em PDF antes de fazer o upload.

Existem vários sites que convertem imagem JPEG em PDF. Você só precisa procura-los no Google.

Parece que o Babelcube faz o resto através do Draft2Digital, o que na verdade demora um pouco.

Conclusão

Em termos gerais minha experiência com o Babelcube tem sido muito positiva. Recebi muitas propostas interessantes para a tradução de todos os meus livros, mas consegui assinar contratos apenas para os seguintes:

Como Cozinhar em Um Instante Mesmo se Você Nunca Cozinhou Sequer um Ovo (*How To Cook In A Jiffy Even If You Have Never Boiled An Egg Before*): em alemão e português (já publicados).

Home Style Indian Cooking In A Jiffy (Culinária Indiana Caseira Num Instante): em japonês (tradução em andamento) e em espanhol e italiano (já publicados).

The Ultimate Guide to Cooking Lentils the Indian Way (Guia Ideal para Cozinhar Lentilhas à Moda Indiana): em alemão (já publicado).

Cozinha Saudável Num Instante (*Healthy Cooking In A Jiffy*): em português (já publicado).

Celebrando os Quietos (*Celebrating Quiet People: Uplifting Stories For Introverts And Highly Sensitive Persons*): em italiano (tradução em andamento), e em espanhol e português (já publicados).

Celebrating Quiet Leaders: Uplifting Stories of Introverted Leaders Who Changed History (Celebrando os Líderes Quietos): em português (tradução em andamento).

Quiet Phoenix: An Introvert's Guide To Rising In Career & Life (A Fênix Quieta: Um Guia para Introvertidos Subirem na Carreira e na Vida): em português (tradução em andamento) e italiano e espanhol (já publicados).

Quiet Phoenix 2: From Failure To Fulfilment: A Memoir Of An Introverted Child (A Fênix Quieta 2: Do Fracasso à Realização: Memórias de Uma Criança Introvertida): em japonês e português (traduções em andamento).

Se você ainda não abriu uma conta no Babelcube, recomendo muito que você faça isso logo. Você precisará de algum tempo para fazer o upload de todos seus livros, sua biografia, as descrições dos livros, a classificação das vendas, etc., mas com certeza vai valer a pena.

O mesmo conselho vale para os tradutores.

Retratação: Não tenho vínculo de qualquer natureza com o Babelcube!

No próximo capítulo, vamos discutir como preparar seu perfil no Babelcube.

Capítulo 4: Preparando seu perfil no Babelcube

━━

C rie uma conta

Essa é a parte mais fácil.

Visite: http://www.babelcube.com/register/

Simplesmente digite seu endereço de e-mail e uma senha. Reconfirme sua senha e pronto!

Crie seu Perfil de Autor

O próximo passo do processo é criar seu perfil.

Carregue sua foto: Sugiro que use a mesma foto que você já utiliza na central para autores da Amazon, do Twitter ou de qualquer outra conta de mídia social. A ideia é "gerar familiaridade" com sua figura de Autor.

Introdução Pessoal ou Slogan: O Babelcube pede que você descreva quem você é em uma linha. Difícil, não? Como se descrever em uma linha? Por exemplo: Trabalho duro ou duro no trabalho? Brincadeirinha...

Pense sobre o tipo de livros que você escreve. Por exemplo, se você escreve thrillers de suspense, sua introdução poderia ser algo como "Escrevo thrillers de suspense em contexto com o sobrenatural."

E se você escreve gêneros variados, como eu? Já escrevi livros de culinária e livros de motivação para pessoas introvertidas. Portanto, minha introdução pessoal tinha que ser ampla e um pouco mais criativa. Meus livros de culinária têm o objetivo de encorajar as pessoas a cozinhar, do zero, em casa. Meus outros livros têm o objetivo de aumentar a autoestima de pessoas introvertidas. O slogan que escrevi foi:

"Acredito que meus livros ajudam as pessoas a mudarem suas vidas para sempre (pra melhor, é claro!)."

Qualquer que seja seu slogan aconselho que você o faça em apenas alguns segundos. Não há necessidade de gastar horas na criação de um slogan magnífico sobre você. Tem coisas muito mais importantes que você deve enfocar.

Biografia: o Babelcube permite que você escreva uma biografia de 4.000 caracteres. Novamente, uso a mesma biografia que tenho na Amazon.

Outros detalhes: essa parte é moleza. Adicione seu endereço de e-mail, endereço postal, seu website, sua página do Facebook, do Goodreads, do Twitter, etc.

Parabéns! Seu Perfil de Autor está concluído.

Uma observação interessante: após a conclusão do meu perfil, percebi um aumento de trânsito vindo do Babelcube para o meu blog. Obviamente alguns tradutores estavam checando meu blog antes de fazerem uma oferta. Alguns até se inscreveram na minha lista de mensagens, o que foi um bônus extra!

Adicionando Seus Livros

Essa será a próxima etapa. Para adicionar seus livros você terá que primeiramente clicar no link próximo ao seu perfil no alto da página, onde se lê "Books".

Ao fazer isso, você será direcionado para uma página onde poderá preencher todos os detalhes do livro. Se você tiver apenas um livro, isso vai requer somente alguns minutos. Em maio de 2014, eu tinha três livros para carregar; precisei de aproximadamente meia hora.

Se você tiver publicado mais de 40 livros, boa sorte! Você pode continuar carregando livros no Babelcube para o resto da vida, sem precisar escrever nada de novo. Ótimo, não?

Basicamente, os detalhes são fáceis e diretos; sugiro que você use a mesma capa, mesma descrição e introdução pessoal utilizadas na Amazon. Isso é senso comum. Mas existem alguns aspectos mais chatos.

Informe sobre vendas e avaliações de seu livro. Ixi, isso é difícil. Pelo menos foi o que pensei quando vi que tinha que informar a classificação das minhas vendas. E se suas vendas não forem tão boas naquele momento? E se representarem 500.000 dólares pagos na Amazon ou pior? Não se preocupe, tenho uma solução.

Sempre informei meus melhores níveis de vendas. Lembra-se daquela promoção de Natal do ano passado em que suas vendas alcançaram uma receita de 30.000 dólares? Use essas vendas orgulhosamente. Você não precisa ser preciso aqui. Imaginemos que suas vendas foram 33.334 dólares, mas você não se lembra do número exato. Escreva 30.000.

Sei o que você pode estar pensando agora. Você está se adulterando, não é? Mas suas vendas sobem e descem todo dia. Portanto, quando um tradutor checar as vendas reais do seu livro (se ele realmente checar), os valores serão definitivamente diferentes dos que você havia informado. Então, porque dar sua cara a tapa?

Já vi alguns autores escreverem seus valores reais de vendas. Oito cópias até o momento. Dez cópias até o momento. Não faço isso. Escrevo simplesmente a classificação de minhas vendas.

De qualquer forma, você não precisa se estressar tanto com isso. Recebi ofertas de tradução de livros que tinham baixo volume de vendas; suponho então que os tradutores ainda viam um mercado para o livro em seus respectivos territórios. Isso foi uma surpresa bastante agradável pra mim.

Escrevi também algo mais sobre meu livro. Seu livro esteve em alguma lista de best-sellers da Amazon? Caso afirmativo, escreva isso em NEGRITO.

Meus livros atingiram o ranque de No. 1 em algumas listas de best-sellers da Amazon, portanto, inclui isso. Por exemplo, meu livro *Home Style Indian Cooking In A Jiffy*, esteve como #1 na lista de Best-Sellers de Culinária Indiana e Profissional. Se seu livro foi listado entre os 10 primeiros, ou mesmo entre os 100 primeiros best-sellers (o que não é muito difícil), escreva algo como Top 10 ou Top 100 best-seller na Amazon, na categoria correspondente. Mesmo que seus livros tenham atingido o primeiro lugar apenas na categoria *Hot New Releases* escreva #1 no *Hot New Releases* da Amazon, qualquer que tenha sido a categoria.

Note que o preenchimento do ranking de vendas do livro é opcional. Portanto, se você não quiser informar, ou se seu livro não tiver um ranking, você pode pular essa etapa e preenchê-la mais tarde, quando tiver algo mais interessante a informar.

Amostra de texto do livro: o Babelcube permite a inserção de uma amostra de 2.000 caracteres do seu livro. Normalmente o tradutor traduz essa amostra quando submete uma oferta. Você pode copiar/colar uma amostra da versão MS-Word de seu livro.

Isso pode ser bastante trabalhoso, especialmente de você pretende carregar muitos livros. Eu, particularmente, sou um pouco preguiçoso para inserir uma amostra completa do livro porque tenho vários livros e gosto de ter tudo concluído de uma vez.

O que eu faço então é colocar um link para a página do livro na Amazon e peço ao tradutor que selecione uma amostra através do "Dê uma olhada". Essa estratégia tem funcionado bem até agora. Os tradutores têm selecionado amostras para tradução sem maiores problemas.

O restante do formulário é bem simples. Ao terminar, você pode então acionar o botão "Add Book". Você será encaminhado para uma página onde encontrará todos os seus livros. Clique novamente no título do livro e confira se tudo está ok.

No final você verá um botão "Upload Material". Clicando nele você será redirecionado para uma página onde poderá fazer o upload do seu manuscrito. Carregue a versão Ms-Word do seu documento para kindle. Você terá que carregar novamente a descrição do livro e sua biografia.

Essa parte só será disponibilizada para o tradutor quando você assinar um contrato com ele. O tradutor traduzirá o manuscrito, a descrição do livro e sua biografia. A mesma descrição do livro e biografia pode ser usada para publicar seu livro em vários distribuidores de e-books.

Uma vez feito isso, relaxe e comece a trabalhar no seu próximo projeto, enquanto espera o aparecimento de ofertas de tradução.

Não se preocupe se não receber uma oferta imediatamente. Recebi minha primeira oferta depois de aproximadamente um mês, época em que já havia até me esquecido da experiência com o Babelcube.

"Afinal, quem vai querer traduzir um livro de um autor desconhecido?" Pensei comigo mesmo. Mas logo fiquei feliz ao ver que isso não era verdade.

O bom no Babelcube é que os tradutores que lhe procuram também estão batalhando, como você. Eles são batalhadores, ansiosos e trabalham rápido para passar uma boa impressão. E isso é realmente muito bom.

Por outro lado, você provavelmente não receberá ofertas de tradutores de livros que já venderam mais de um milhão de cópias.

Capítulo 5: Recebimento de Ofertas-Encontrando o Tradutor Adequado

———

T oda vez que um tradutor faz uma oferta, você recebe um e-mail do Babelcube lhe informando. Momento de alegria!

O e-mail menciona o nome do livro, o nome do tradutor, o idioma oferecido e o tempo que ele precisará para traduzir o livro (ou seja, 15 dias, 30 dias, 60 dias, 150 dias, etc). O tradutor também envia ao Babelcube um e-mail dizendo o motivo de seu interesse na tradução do livro.

Encontre você mesmo um tradutor

O Babelcube adicionou recentemente um novo recurso, através do qual você, o autor, pode ver a base de dados completa de tradutores, por idioma, e pode fazer contato direto com um tradutor de sua preferência. Isso é ótimo. Antes desse recurso, você adicionava seus livros e tinha que aguardar até que algum tradutor fizesse contato. Imediatamente comecei a utilizar esse novo recurso para encontrar tradutores para o francês, o alemão e o japonês; e consegui em apenas três dias!

O Babelcube permite que você ofereça a um tradutor apenas um livro por dia, o que é um pouco estranho. Imagino que a ideia é evitar que os autores comecem a fazer spams com os tradutores!

Uma maneira elegante de contornar essa limitação é oferecer um livro ao tradutor, conforme estipulado, porém sugerir a ele a possibilidade de escolher também algum outro livro, se assim o desejar.

Uma mensagem típica que enviei para alguns tradutores de japonês é a seguinte:

Olá,

Navegando pelo Babelcube, me deparei com a página de seu perfil. E admito ter ficado bastante impressionado com seu CV.

Mas em primeiro lugar, gostaria de me apresentar.

Sou PRASENJEET KUMAR, autor, até o momento, de 12 livros, alguns deles best-sellers #1 da Amazon. Dentre eles, 9 estão disponíveis para tradução no Babelcube. Dois já foram traduzidos para o português, um para o italiano e um para o espanhol. Cinco títulos estão em processo de tradução e mais dois contratos estão em fase final de assinatura. Entretanto, todos esses contratos incluem apenas os mercados de língua espanhola, portuguesa, alemã e italiana.

O motivo do meu contato é, portanto, saber de você estaria interessado em traduzir QUALQUER UM DOS MEUS LIVROS (e não apenas o livro sugerido) para o japonês. A razão disso é que tenho grande interesse de entrar no mercado japonês e ainda não consegui.

Fique à vontade para checar minhas credenciais, pesquisando o meu nome no Google ou na Amazon.

Agradeceria muito uma resposta o mais rápido possível.

Atenciosamente,

Prasenjeet

Como encontrar o tradutor adequado

Sugiro alguns pontos que podem facilitar a encontrar o tradutor adequado:

Conhecimento do Idioma: a primeira coisa a constatar é o domínio do português do tradutor, caso você escreva seus livros em português. Leia a mensagem do tradutor de maneira cuidadosa. O que está escrito soa correto em português? Para certificar-se da proficiência do tradutor, vá além de erros tipográficos.

No meu caso, que escrevo em inglês, fico um pouco indeciso em aceitar uma oferta quando percebo que o domínio do idioma inglês do tradutor é fraco. Você pode estar se perguntando por quê? O tradutor vai traduzir para sua língua nativa, portanto o domínio do idioma de origem é realmente importante?

Minha lógica é que se o conhecimento do idioma inglês do tradutor é fraco ele pode não perceber as nuances da língua inglesa e, por isso, não ser capaz de fazer uma tradução correta para sua língua nativa. Em minha opinião isso é essencial. Portanto, é eminentemente desejável que o tradutor tenha bom domínio de ambos os idiomas (no meu caso o inglês, e no seu o português, e a língua nativa do tradutor).

O perfil do tradutor: o próximo ponto a ser checado é o perfil do tradutor. Se você clicar no nome do tradutor, será direcionado para a sua página de perfil no Babelcube. O perfil contém uma foto do tradutor, sua biografia e os livros que está traduzindo ou já traduziu.

Às vezes a biografia do tradutor é muita vaga. Não menciona os anos de experiência, a formação do tradutor ou quais livros/documentos ele já traduziu até o momento.

Muitas vezes vejo tradutores vinculando seu perfil ao seu perfil do LinkedIn. Se este for o caso, vale a pena checar o perfil do LinkedIn também. Caso o perfil do tradutor não esteja disponível em um idioma que você domine, use o Google Translate.

Tenho observado que os tradutores com perfil no LinkedIn são, em geral, muito bem qualificados e têm anos de experiência profissional. Uma boa ideia, caso você não encontre muita informação no perfil do tradutor, é enviar uma mensagem a ele, através do Babelcube, perguntando sobre sua experiência ou mesmo solicitar uma cópia do seu CV.

Em algumas ocasiões recebi ofertas de tradutores estudantes, que ainda não haviam concluído o curso de graduação. Apesar de valorizar estudantes que postem seu perfil no Babelcube para ganhar alguma experiência útil e algum dinheiro extra, infelizmente tive algumas experiências negativas com estudantes. Agora fico um pouco relutante em consentir que meu manuscrito seja usado como cobaia de experimentos.

Avaliação do Tradutor: abaixo do nome do tradutor você encontrará suas pontuações. Se clicar na avaliação poderá ver a análise feita pelo autor do livro sobre o tradutor.

Não confie nas avaliações quanto à precisão do material traduzido. Na melhor das hipóteses, as avaliações positivas indicam que o tradutor concluiu a tradução no prazo acordado e que o autor ficou satisfeito. A maioria das avaliações não menciona nada sobre a qualidade da tradução, que fica por conta do autor, que por sua vez, não está familiarizado com o idioma do tradutor.

Muitas avaliações fazem referência de que o tradutor é muito trabalhador ou de que o trabalho com ele foi muito prazeroso. É claro que alguns tradutores também recebem más avaliações. Presumo que isso acontece quando o tradutor assina o contrato e pede várias extensões de prazo ou até mesmo abandona o trabalho no meio do caminho. Isso aconteceu comigo uma vez e fui obrigado a deixar uma avaliação ruim.

Como mencionei anteriormente, esse jovem rapaz havia se comprometido a traduzir meu livro de culinária, escrito quando eu cursava a faculdade, '*How to Cook In A Jiffy Even If You Have Never Boiled An Egg Before*", para o espanhol em 30 dias. O perfil dele parecia muito profissional. Ele era também escritor e havia publicado dois livros em inglês na Amazon. Fiquei bem impressionado e decidi assinar o contrato com ele.

Algumas semanas mais tarde ele me disse que, como estava planejando entrar para a faculdade, não poderia continuar com a tradução. E que já havia informado ao Babelcube. Sua mensagem foi a seguinte:

"*Prasenjeet, sinto muito, mas entrei para a faculdade e tenho que fazer serviços sociais; fui selecionado por uma revista nova que está em fase inicial e minha agenda estará muito, muito cheia. Portan-*

to, não terei tempo para continuar a tradução do seu livro. Sinto muito que você tenha confiado em mim, mas agradeceria se você pudesse cancelar a tradução, pois não poderei continua-la. Não vou querer nada pelo que já fiz e gostaria realmente ter tido tempo suficiente para terminar o livro, mas infelizmente aceitei mais coisas do que consigo fazer."

Fiquei estarrecido. Fiz, então, uma última tentativa, respondendo:

"JJ, sinto muito em saber que você não pode continuar com a tradução do meu livro. Também fui estudante e compreendo as pressões que estudantes, ás vezes, enfrentam. Meu primeiro pedido é que você me envie a tradução já feita, seja ela qual for.

Questiono, entretanto, se você realmente refletiu sobre a decisão de voltar atrás. Você assinou um contrato comigo e com o Babelcube. Uma rescisão unilateral pode prejudicar sua reputação no Babelcube para sempre, e pode até mesmo danificar sua carreira de tradutor, caso você tenha planos de continuá-la no futuro.

Você perderá também a oportunidade de ter seu nome em mais um livro, a um esforço comparativamente menor que o que teve para colocar seu primeiro livro na Amazon. Você está dizendo "Não" à oportunidade de ganhar algum dinheiro, através de um trabalho de meio período bem conceituado (em comparação aos trabalhos usuais oferecidos em campus universitários), que é sempre valorizado para ex-estudantes.

Considerando seu talento de escrever, acho que você é um dos poucos tradutores que conseguem trabalhar com o inglês e o espanhol com a mesma felicidade. Espero que você saiba da possibilidade de solic-

itar uma extensão do prazo de entrega, ao invés de cancelar o contrato. Portanto, pense sobre isso e me informe sua decisão final. Seja ela qual for, respeitarei e logo informarei ao Babelcube."

Não recebi mais nenhuma resposta. Esse tradutor havia aceitado traduzir outros livros, que também foram cancelados. Isso naturalmente deixa todos nós, autores, fervendo de raiva. Como resultado, o tradutor recebeu avaliações de 1 ou mesmo 0,5 estrela. Estou certo de que essas avaliações irão destruir sua reputação como tradutor. Eu o avisei, de forma educada, para não cancelar o contrato assim, mas foi em vão.

Essa foi uma experiência ruim, mas não culpo o Babelcube por isso. Nesse caso, a culpa foi inteiramente do tradutor, que aceitou muitas ofertas e de repente voltou atrás. De qualquer forma, meu argumento é que as avaliações dos autores só indicam se o tradutor é confiável e NÃO sugerem necessariamente que a qualidade de sua tradução seja boa.

Muitos tradutores são novatos no Babelcube e por isso não têm nenhuma avaliação ou classificação. Assim, sou forçado a dar mais importância ao comando do idioma inglês do tradutor e à sua experiência, e sigo meu instinto.

Livros do tradutor: no Babelcube, você pode também checar os livros traduzidos pelo tradutor. Não é uma má ideia checar a página de vendas do livro na Amazon. Se o livro tiver avaliações, elas podem ser uma boa indicação sobre a qualidade da tradução. Porém, infelizmente, muitos tradutores não têm nenhuma avaliação. E quando têm as avaliações não dizem nada a respeito da qualidade do livro.

Fiquei surpreso ao ver que a edição em espanhol do "Inferno", de Dan Brown, tinha muitas avaliações negativas no site britânico da Amazon (Amazon.co.uk). Quando cheguei as análises, fiquei perplexo ao ler as avaliações. Muitos leitores tinham comprado a versão impressa do livro acreditando que estavam comprando o livro em inglês, e ao receberem o livro ficaram chocados, ao ver que na verdade se tratava de um livro em espanhol. Essas avaliações não tinham nada a ver com a qualidade da tradução!

Respeito muito meus leitores, mas fiquei surpreso de ver como as pessoas fazem compras na Amazon hoje em dia. Eles não leram o título (que diz claramente Edição em Espanhol), não checaram a descrição do livro (também em espanhol), não fizeram a pré-visualização do livro antes de encomendá-lo e depois culparam os editores por terem colocado uma edição em espanhol no site britânico da Amazon! Como ser tão irracional?

Eu diria que estamos em tempos de "um clique" para encomendar coisas na Amazon...

Entrevista pelo Skype: ainda não fiz nenhuma entrevista via Skype com meus tradutores. Normalmente, confiro o perfil do tradutor e a forma como ele escreve suas mensagens, só isso. Entretanto, alguns autores insistem com entrevistas no Skype antes de contratarem um tradutor. Por exemplo, a escritora Joanna Penn, em seu livro '*Business for Authors: How to be an Author Entrepreneur*', menciona que faz entrevistas com vídeo no Skype com seus potenciais tradutores.

E porque entrevistas com vídeo? Você pode estar se perguntando. Assim eles podem se ver. Ela pergunta aos potenciais tradutores sobre suas experiências e os motivos do interesse em traduzir seu livro. Joanna usa, então, seu instinto para saber se o tradutor será uma boa escolha para seu livro.

O Skype com vídeo é também uma forma de resolver coisas profissionalmente. Se você estiver interessado em entrevistas via Skype com vídeo, pode facilmente trocar os endereços de Skype e marcar um horário para conversar com o tradutor. Entretanto, o Babelcube tem um sistema de mensagens bastante satisfatório, através do qual você pode enviar mensagens para o tradutor, sem necessidade de compartilhar seu endereço de e-mail privado.

A propósito, usei o Skype recentemente para explicar ao tradutor de japonês do meu livro *"Home Style Indian Cooking In A Jiffy"* a pronúncia correta de alguns temperos e receitas indianas. Portanto, o Skype ou qualquer outro serviço similar de voz/vídeo através da internet representam ferramentas poderosas em suas mãos para a solução de questões que você julgue relevantes.

Outros pontos: cheque sempre o prazo de entrega proposto pelo tradutor. Pra mim, um prazo máximo é de 180 dias ou seis meses. Prazos acima disso me sinalizam uma bandeira vermelha. Certa vez fui abordado por uma tradutora de italiano que queria traduzir meu livro em 700 dias, ou seja, quase 2 anos!

Verifiquei o perfil da tradutora e vi que ela "acumulava" muitos livros. Perguntei, especificamente, porque ela precisava de tanto tempo. Ela respondeu que sempre pede prazos longos, assim consegue cumprir os prazos sem estresse e sem necessidade de solicitar extensões, como fazem outros tradutores. Ela me assegurou que terminaria o livro em alguns meses, no máximo em dois meses. Mas não fiquei convencido. Eu não queria que meu livro ficasse estagnado por 2 anos no processo de tradução, já que o prazo proposto era de 700 dias e não 60 dias.

Contratando um Revisor/Editor

Essa é a próxima grande questão. Você pode contratar um revisor/editor fora do Babelcube em sites como o www.fiverr.com, o www.peopleperhour.com ou o www.elance.com. Mas tenha certeza que isso pode ser um fator de custo. Para um livro de 40.000 palavras, mesmo que a revisão seja feita com base em alguns centavos por página, a conta final pode ser considerável.

A melhor coisa a fazer é perguntar ao tradutor se ele trabalha com um revisor. Toda vez que recebo uma oferta de um tradutor, faço essa pergunta. A maioria dos tradutores conseguiu encontrar um revisor no próprio Babelcube. Muitas vezes o revisor/editor era também um tradutor. Sempre insisto em ter o nome do revisor incorporado ao contrato como revisor.

Em relação a essa questão, uma troca de mensagens típica era a seguinte:

"Tradutor: Olá! Estou interessado em traduzir seu livro para o português do Brasil. Afinal, todo mundo precisa saber como cozinhar rapidamente hoje em dia, correto?

Eu: Olá (nome do tradutor), obrigado pela mensagem. Dei uma olhada em seu perfil e fiquei bastante impressionado. Adoraria trabalhar com você. Mas antes de entrarmos em um acordo, gostaria de saber se você trabalha com um editor/revisor. A revisão da tradução é necessária para garantir um produto sem erros. Seria bom se o editor/revisor também fizesse parte do Babelcube. Felicidades.

Tradutor: Prasenjeet! Sim, trabalho com uma revisora que na verdade é minha irmã. Você pode verificar suas referências aqui no Babelcube. Estou ansioso para trabalhar com você! Felicidades

Eu: Isso é ótimo. Por favor, cancele sua oferta atual e faça uma nova oferta, incluindo o nome da revisora. Obrigado."

Para que o processo aconteça, o tradutor principal tem que cancelar a oferta original e fazer uma nova oferta, incorporando o nome do revisor no contrato. Alguns tradutores não têm a menor ideia sobre como dividir os direitos autorais com o revisor. Na minha experiência, geralmente, os tradutores dividem os direitos com o revisor na relação de 85:15, onde o tradutor principal recebe 85% e o revisor 15% (dos 55% que o tradutor recebe para vendas até 2.000 dólares).

Acredito que essa seja uma forma razoável de garantir que ambos, tradutor e revisor, tenham participação no produto final.

Fico satisfeito com qualquer pessoa que tenha bom domínio do idioma atuando como revisor. Não perco tempo checando a biografia do revisor ou sua experiência como tradutor. Só quero um "novo olhar" na versão traduzida, só isso!

Assinatura do Contrato

Estando tudo ok, vá em frente e aceite a oferta. A assinatura do contrato significa simplesmente clicar no botão "Accept the Offer". Quando todas as partes fazem isso, você terá "entrado em um acordo". O Babelcube envia por e-mail uma versão em PDF do "contrato assinado" a todas as partes envolvidas.

Carregamento das primeiras dez páginas

Pelo sistema do Babelcube, o tradutor tem que fazer o upload da tradução das primeiras dez páginas dentro do prazo acordado. Isso lhe permite, caso deseje, enviar as primeiras dez páginas a um amigo que domine aquele idioma.

Moro na Índia e não conheço na minha cidade ninguém que fale espanhol, português, italiano, alemão ou japonês. Além disso, conto com um revisor contratado para verificar erros tipográficos e gramaticais. Portanto, simplesmente aceito a tradução, sem me preocupar em revisar as páginas.

Mas por favor, note que se você não aprovar no Babelcube as páginas traduzidas, elas serão consideradas aprovadas dez dias após o carregamento.

Extensão de Prazo

Muitos tradutores irão, por alguma razão, solicitar uma extensão do prazo. Geralmente solicitam mais tempo para revisarem seu próprio manuscrito ou para receberem a resposta do editor/revisor. Sou muito generoso para extensões de prazos. Pra mim, a qualidade da tradução é mais importante que qualquer outra coisa.

Uma vez que o manuscrito traduzido final tenha sido carregado, passaremos ao próximo capítulo que trata da Formatação e Publicação do Seu Manuscrito.

Capítulo 6: Formatação e Publicação do Seu Manuscrito

──

Uma vez que o tradutor tenha carregado o manuscrito final, é hora de fazer a revisão e publicar o documento. Faça o download do documento em seu computador e dê uma olhada nele. Sei que mesmo que você não entenda uma única palavra, pode perceber algumas coisas como os títulos dos capítulos, o índice, as quebras de páginas, etc.

Seja cauteloso. Certa vez vi que o Capítulo IX havia sido incluído duas vezes! O tradutor se desculpou profundamente, mas a desculpa teria sido em vão se o documento já tivesse sido "publicado", na confiança de que o tradutor e o revisor tivessem se cuidado.

Se tudo estiver em ordem, você pode aceitar o documento e iniciar o processo de publicação.

Design da Capa

Nessa fase, o Babelcube lhe solicitará a capa do livro. Utilizo o criador de capas do CreateSpace para fazer o design das capas originais dos meus livros. Portanto, tive apenas que me logar no CreateSpace e usar o mesmo modelo da capa e a mesma imagem usada para a versão em inglês. As únicas diferenças foram o título, agora em português, e a inserção do nome do tradutor junto ao meu nome.

Salvei a nova capa como imagem JPEG no meu computador. Quando você fizer o download da capa, você terá a frente, a contra capa e a lombada, pois o design de capas do CreateSpace é feito para um livro impresso. Removi, então, manualmente a contra capa e a lombada usando um software gratuito para edição de fotos, o PAINT.NET. E redimensionei a imagem para 1.400 pixels de largura e 2.200 pixels de comprimento; salvei e fiz o upload da capa no Babelcube.

Se você trabalha com um designer de capas, peça-o para criar uma nova capa, utilizando a mesma imagem da capa original e incluindo o título traduzido.

Tento usar a mesma capa da versão em inglês, para que eventuais compradores saibam que se trata de uma versão traduzida do mesmo livro.

Formatação do Seu Manuscrito

Assim como o Smashwords, o Babelcube também publica, em algumas semanas, seu manuscrito no Kobo, na Apple, no Barnes & Noble, no Baker & Taylor, no Follet, no Scribd, na Inkterra, na Amazon, na 3M, Chegg, no Overdrive, no Page Foundry, no Gardner, etc. Tive então receio de que o Babelcube também fizesse exigências de formatação semelhantes às exigências feitas pelo Smashwords.

Se você já tentou ler o guia de estilos de 80 páginas do Smashwords, sabe do que estou falando. Há rumores de que o guia de estilos do Smashwords tem sido a principal causa de enxaquecas, ataques cardíacos e perda de cabelos entre os autores!

Mas o Babelcube simplesmente vai pro outro extremo. Não existem diretrizes de formatação no site do Babelcube, o que nos deixa sem saber o que fazer exatamente.

Para ser honesto, uma das minhas tradutoras não formatou bem o documento. Por exemplo, ao invés de usar quebra de páginas ela usou quebra de seção. A criação de uma tabela clicável de conteúdos é algo impossível no Smashwords. No guia de estilo, eles alegam que um documento de MS-Word com uma tabela de conteúdo ativa gera erros quando o manuscrito é convertido, através do software 'meatgrinder', para um arquivo e-pub. Eles sugerem, portanto, que você crie primeiro manualmente uma Tabela de Conteúdos (Índice), digitando os títulos, e só depois faça os links utilizando as funções de hyperlink e de bookmark do MS-Word.

Tentei mostrar à tradutora alguns vídeos sobre formatação disponíveis no You Tube, mas foi em vão. Ela era uma tradutora e não uma profissional de formatação de e-books. Fiquei um pouco indeciso em remover o índice e digitar manualmente para fazer os links posteriormente.

O problema era eu ser completamente analfabeto em português. Tive receio de fazer links errados para os títulos no índice. Então não arrisquei. Na verdade, só pra ver no que daria, fiz o upload do documento sem nenhuma alteração da formatação. Para minha surpresa, o Babelcube fez um trabalho fantástico ao converter o documento de MS-Word em arquivo e-pub. Isso foi um grande alívio.

Antes de "publicar", o Babelcube pede que você revise seu arquivo e-pub. Você precisará instalar o Adobe Digital Editions para revisar seu arquivo e-pub. Para isso clique no link:

http://www.adobe.com/solutions/ebook/digital-editions/download.html

Questões da Formatação

Então, onde é que o Babelcube "agarra"?

O primeiro evento foi quando meu tradutor para o italino (do meu livro *Home Style Indian Cooking In A Jiffy'*) notou que o Índice (Tabela de Conteúdos) aparecia DUAS vezes nas versões publicadas em todas as plataformas de e-books.

Duas vezes? Fiquei perplexo. Nem o tradutor nem eu tínhamos feito isso. Então, obviamente o Babelcube havia inserido uma tabela de conteúdos, além da que fizemos, que além de tudo estava também incompleta.

Percebi que isso foi um erro do software Draft2Digital, que também utilizei (para meus livros em inglês), onde você deve confirmar os campos indicando se quer que o Draft2Digital insira o Título da Página, a página de Direitos Autorais ou a Tabela de Conteúdos. Para meus livros em inglês, eu mesmo faço isso e não seleciono esses campos. Porém para os livros traduzidos, aparentemente, o Draft2Digital ignora se você (ou nesse caso o Babelcube) selecionou ou não os campos.

Essa foi uma questão séria que afetou todos os meus livros traduzidos.

O segundo problema foi que a versão impressa simplesmente repetia todos os erros de formatação. Isso foi inaceitável, pois o custo da versão impressa é, em média, três vezes maior que o da versão e-book. Na verdade, o índice da versão impressa apresenta a paginação real (o que é desnecessário no formato e-book, já que o índice é clicável). Portanto, o ideal seria que o sistema do Babelcube não oferecesse a conversão do e-book traduzido para a versão impressa; na verdade ele deveria recusá-la até que a formatação esteja devidamente adequada para a versão impressa.

Uma maneira de contornar a questão

Encontrei uma alternativa simples para evitar a questão de duplicidade do índice. Agora faço o upload do documento em MS-Word no Babelcube e deixo que eles convertam em arquivo epub. Notei que o Babelcube faz um trabalho excelente de conversão de um documento em Word para um arquivo epub, removendo todos os erros da formatação HTML. Depois disso, salvo o arquivo epub no meu laptop.

Uso então um software gratuito chamado Calibre. Abro o programa, adiciono o arquivo epub e clico em "edit file". Quando o arquivo é aberto, você verá no lado esquerdo um documento com a identificação "toc". Esse é o "toc" que o Babelcube insere automaticamente.

Va ao "toc", clicando à direita e clique em "delete" para remover a tabela de conteúdos. Salvo o arquivo epub editado e faço um novo upload dele no Babelcube.

Para a versão impressa, peço ajuda do tradutor para a formatação, caso ele possa ajudar.

Preço

Uma vez que você aprove o arquivo e-pub, o Babelcube solicitará que você coloque o preço do seu livro. O preço sugerido por eles é de 2,99 a 9,99 dólares, que é o mesmo sugerido pela Amazon. Você pode até colocar seu livro como GRATUITO, desde que o tradutor concorde, é claro.

O Babelcube permite também a opção PERMA-FREE. Essa pode ser uma boa ideia se você tiver mais livros da mesma série e no mesmo idioma. Discutiremos essa estratégia e suas dificuldades no próximo capítulo "Como Divulgar Seus Livros Traduzidos".

Vendo meus livros a 2,99 dólares. Feito isso, o Babelcube se encarrega do resto. Em algumas semanas seu livro estará publicado em todas as plataformas.

Existe outra questão com relação ao preço. O Babelcube pede que o preço seja o mesmo em todas as plataformas. Isso funciona para todas as plataformas, exceto para o Google Play, que desconta do preço, seja ele qual for, pelo menos um dólar. Isso significa que se você der um preço de 2,99, o Google Play colocará 1,99. Isso significa também que você, o tradutor e o Babelcube ganharão menos no Google. Existe também o risco de outras plataformas (como a Amazon) fazerem "alinhamento de preço" com o Google, o que será então uma catástrofe!

Para os meus livros em inglês, dos quais 14 estão no Google Play, resolvi esse "problema" estabelecendo um preço de 3,99; o Google abaixa então para 2,99. Existe uma tabela excelente, que utilizo, no endereço http://www.kboards.com/index.php/

topic,167655.0.html, e você também pode obter a paridade de preços.

Infelizmente não existem alternativas no momento. Qualquer que seja seu preço, o Google Play definitivamente fará o desconto tornando o livro mais barato e o Babelcube não consegue ainda inserir manualmente os preços para corrigir esse algoritmo (que podemos fazer para nossos livros em inglês).

Informações Fiscais

O preenchimento das informações fiscais é também bem fácil no Babelcube. Como a Amazon, o Babelcube também faz uma "entrevista" online. Ao fim das respostas, você saberá em qual situação você se enquadra, dependo de tratados fiscais que seu país tenha com os EUA.

Informações sobre Pagamentos

O Babelcube faz pagamentos através de sua conta do PAYPAL. Simplesmente informe seu endereço de e-mail do PAYPAL e pronto! O pagamento limiar atualmente é de 10 dólares.

Livro Impresso

O Babelcube introduziu recentemente a opção de publicar seu livro no formato impresso. Em colaboração com o Draft2Digital e o CreateSpace, o Babelcube publica o livro no tamanho 13 x 20 cm. O processo é bem simples, apesar de inicialmente aparentar um pouco complicado.

Design da capa: primeiramente, o Babelcube solicita que você faça o upload da capa do livro em formato PDF (Versão impressa com lombada e contra capa). Esse foi um tema que resolvi uti-lizando o criador de capas do CreateSpace, com a mesma imagem porém com o título e a matéria do verso traduzidos. Finalmente tive que converter a imagem JPEG para PDF, antes de fazer o up-load.

Existem vários sites que transformam imagens JPEG em PDF. Você pode encontrá-los no Google. Utilizei o site gratuito: http://www.convert-jpg-to-pdf.net/

Após a conversão da capa do livro de JPEG para PDF, fiz o up-load no Babelcube. Felizmente, o Babelcube aceitou a capa sem qualquer dificuldade.

Formatação: para a versão impressa dos meus livros em inglês, si-go rigorosamente as instruções do CreateSpace. O interessante é que o Babelcube aceita o livro sem necessidade de formatação adicional. O sistema solicita que você utilize o mesmo documen-to que o tradutor carregou (documento do Word) no Babelcube ou que você forneça um documento em PDF totalmente for-matado.

Minha tendência é optar pelo documento em PDF, quando o tradutor coopera. Do contrário, tenho que desistir da versão im-pressa se quiser evitar os erros de formatação discutidos anterior-mente.

Finalmente, o Babelcube solicita o preço do livro. Coloco o preço de 11,99 dólares e clico no botão para publicar. E isso é realmente tudo!

Fiquei um pouco surpreso do Babeclube não ter solicitado que eu revisasse a formatação do documento antes da publicação, um ritual quase compulsório no CreateSpace ou qualquer outro programa disponível para auto publicação.

Parece que o Babelcube deixa que o Draft2Digital faça o resto, pois o processo demora um pouco. Após algumas semanas, meu livro impresso foi publicado na Amazon. Visualizei o livro impresso e fiquei bastante satisfeito com o resultado.

Um alerta de prudência aqui! Alguns tradutores cautelosos (e exaustos) não gostam de fazer o trabalho adicional necessário para entregar uma versão PDF totalmente formatada para a versão do livro impresso. O sistema do Babelcube também representa algum obstáculo.

Capítulo 7: Como Divulgar Seus Livros Traduzidos

―――

O ideal é utilizar as mesmas ferramentas que você utiliza para divulgar seus livros escritos no idioma original. Discuto esse assunto detalhadamente no meu livro "HOW TO BE AN AUTHOR ENTREPRENEUR WITHOUT SPENDING A DIME".

Entretanto o problema é que se por um lado existem centenas de sites que "promovem" livros em inglês, existem pouquíssimos sites promotores de livros em outros idiomas. Focarei algumas das ferramentas promocionais que o Babelcube disponibiliza para facilitar a divulgação de seus livros traduzidos.

Preço

Como mencionei no capítulo anterior, o Babelcube sugere que o preço do livro esteja entre 2,99 e 9,99 dólares. Atualmente estou experimentando o preço de 2,99 por uma questão de competitividade de preço. De qualquer forma, se você quiser por alguma razão jogar com preço, o Babelcube concede plena liberdade de fazê-lo, com a frequência que desejar, apenas com um click no mouse.

PERMA-FREE

O PERMA-FREE ou um livro "Afunilado" é considerado uma estratégia de divulgação popular no mundo das produções independentes. Basicamente você disponibiliza gratuitamente o primeiro livro de uma série na expectativa de que os leitores ficarão impressionados o suficiente para comprar o restante da série, ou pelo menos para se inscreverem na sua lista de e-mails.

Se você quiser que seus leitores se inscrevam em sua lista deverá oferecer a eles algo de valor, como por exemplo, capítulos excluídos, trechos ou bastidores (naquele idioma) para escritores de ficção ou planilhas, atalhos ou outro livro gratuito (naquele idioma) para escritores de não ficção.

O Babelcube também sugere que você disponibilize o primeiro livro de uma série naquele idioma como PERMA-FREE. Existem, entretanto, algumas dificuldades nessa estratégia.

Meu livro *"How to Cook In A Jiffy Even If You Have Never Boiled An Egg Before"* foi o primeiro a ser traduzido para o português. O *"Healthy Cooking In A Jiffy: The Complete No Fad, No Diet Handbook"* foi também traduzido para o português. O problema é que trabalhei com tradutores diferentes para o mesmo idioma, pois recebi, ao mesmo tempo, ofertas diferentes para esses dois livros.

Isso significava que teoricamente seria uma boa ideia disponibilizar gratuitamente o primeiro livro de forma permanente, na expectativa que os leitores que gostassem do livro comprassem o segundo. Mas na realidade isso significaria que a primeira tradutora teria que abrir mão de toda a receita (lembre que ela receberia 55% dos direitos autorais). Isso definitivamente não seria justo com ela. Não consigo nem me imaginar pedindo isso a ela. Essa é a razão porque não poderei ter nenhum dos meus livros traduzidos como PERMA-FREE num futuro próximo.

Portanto, se sua intenção é disponibilizar um de seus livros traduzidos como PERMA-FREE, sugiro enfaticamente que discuta isso de maneira honesta com seu tradutor. E garanta que todos os livros de uma série sejam traduzidos para determinado idioma pelo mesmo tradutor!

Com certeza isso vai exigir muito tempo e paciência!

Ferramentas Promocionais

Ao contrário do KDP Select, onde você tem um limite de 5 dias para disponibilizar seu livro gratuitamente ou pode ter uma oferta de contagem regressiva do Kindle a cada 90 dias, no Babelcube você pode criar uma promoção por livro traduzido a cada dia.

As promoções podem durar de um a sete dias e você pode disponibilizar um livro gratuitamente ou a um preço reduzido. No entanto a promoção deve ser criada pelo menos com 14 dias de antecedência do seu início. Você pode também cancelar uma promoção com menos de 14 dias do seu início.

Isso soa melhor que o KDP Select. Além disso, sua promoção será válida em todas as plataformas e não apenas na Amazon.

Para ser honesto, não utilizei ainda nenhuma dessas ferramentas promocionais. Portanto, não posso realmente comentar sobre elas. Mas, teoricamente, essas ferramentas podem ser uma forma excelente de obter algoritmos de vários distribuidores de e-books auxiliando o incremento de suas vendas.

Um problema com essas ferramentas promocionais, entretanto, é que elas não indicam um fórum para divulgar seu livro GRATUITO ou seus livros traduzidos com descontos. Você usaria os mesmos sites como o Read Cheaply, o FreeBooksy ou o E-Reader News Today, que são utilizados para livros em inglês? Eles divulgam livros traduzidos em outros idiomas? Não tenho a menor ideia.

Existem sites que promovem livros traduzidos para o português ou para o espanhol nos países da América do Sul? Não conheço nenhum.

Muitos sites têm como alvo leitores da Amazon.com. Gostaria muito de promover meus livros na Amazon.co.uk, mas quase não existem sites direcionados para leitores no Reino Unido. Talvez não seja suficiente fazer uma promoção apenas com a expectativa que os leitores encontrarão seu livro.

Já estou bastante satisfeito com as vendas dos meus livros, especialmente porque não conheço ninguém nos mercados estrangeiros. Fiquei também bastante surpreso com minhas vendas no Google Play e decidi fazer o upload de todos os meus livros em inglês lá também.

Se você tiver estratégias melhores, gostaria muito de conhecê-las.

Comunicados de Imprensa

Você pode utilizar sites Gratuitos de Comunicados de Imprensa e o seu blog para anunciar o lançamento dos seus livros traduzidos. Foi isso que eu fiz. Criei um Comunicado de Imprensa que publiquei em alguns sites gratuitos como os seguintes:

prlog.org: http://prlog.org/

i-newswire.com: http://i-newswire.com/

24-7pressrelease.com: http://24-7pressrelease.com/

briefingwire.com: http://briefingwire.com/

freeprnow.com: http://freeprnow.com/

onlineprnews.com: http://onlineprnews.com/

pr-usa.net: http://pr-usa.net/

pressreleasepoint.com: http://pr-usa.net/

scoopasia.com: http://scoopasia.com/

Enviei uma cópia do rascunho do comunicado de imprensa para meus tradutores para que eles também fizessem a divulgação em seus respectivos países.

Criação de Sua Lista de E-mails

Alguns autores criam também listas de e-mails para públicos estrangeiros. Como já sugeri, dê algum incentivo aos leitores para estimular a inscrição em sua lista; por exemplo, capítulos excluídos, trechos ou bastidores (naquele idioma) para escritores de ficção ou planilhas ou outro livro gratuito para escritores de não ficção. Quanto maior for o valor do incentivo, maior será a possibilidade de um leitor se inscrever na sua lista.

As autoras Shelley Hitz e Joanna Penn já começaram a criação de listas para idiomas estrangeiros. Se você tiver mais de um livro traduzido para o mesmo idioma pelo mesmo tradutor pode considerar colocar o primeiro livro como PERMA-FREE, utilizando um anúncio grande e bem chamativo na contra capa do livro. Essa pode ser uma forma de ganhar novos inscritos.

O próximo ponto é o envio regular de "newsletters" aos seus leitores. A autora Shelley Hitz usa o Google Translate para traduzir seus e-mails para o espanhol. Definitivamente, não aconselho que faça isso se você não tem domínio do idioma estrangeiro.

Certa vez experimentei o Google Translate para traduzir uma frase do inglês para o hindi. Os resultados foram desastrosos. O Google traduz literalmente cada palavra e o resultado fica sem sentido. Por exemplo, a palavra inglesa 'Steel Plant' foi traduzida literalmente como 'Árvore feita de Aço' e não como 'Fábrica produtora de Aço'!

Se algo similar aparecer nas suas newsletters, isso pode realmente causar uma péssima impressão aos seus leitores. Isso é algo que você não quer. Essa é a razão porque escrevo minha biografia em inglês para os sites francês e alemão da Central do Autor da Amazon.

Se você quiser realmente enviar respostas automáticas, recomendo fortemente que você envolva seu tradutor no processo. Talvez ele não aceite colaborar, mas essa seria uma outra questão.

Não estou, no momento, criando listas para o público estrangeiro. Meus livros já foram traduzidos para português, espanhol, italiano, alemão e japonês e a criação de listas de e-mails separadas para cada idioma (e respostas automáticas para cada um deles) seria muito complicado.

Reflexões Finais

Como um escritor que escreve em inglês, meu mercado principal são os países de língua inglesa (América do Norte, Reino Unido, Austrália, Índia, Singapura, Hong Kong ou qualquer lugar onde o idioma inglês é falado), e esse é meu foco. Vejo meus livros traduzidos como a cereja em cima do bolo ou como algo que amplia meu alcance sem custos adicionais.

Não perco nada no processo de tradução. Hipoteticamente, mesmo que eu não venda nenhum exemplar em territórios estrangeiros, minha página de autor fica com um visual ainda melhor com meus livros traduzidos. Leitores ocasionais navegando pela loja da Amazon podem ter uma impressão mais séria a seu respeito ao verem que você tem livros traduzidos em tantos idiomas, com o mesmo design da capa.

No mínimo, isso pode levar os leitores a pensar que talvez haja algo interessante em seus livros que eles desconhecem. Só isso já representa uma excelente ferramenta de marketing.

Até agora, somente escritores de alto nível tinham o privilégio de ter seus livros traduzidos em tantos idiomas estrangeiros. O mais fantástico do Babelcube é a possibilidade de fazer parte desse grupo seleto sem gastos antecipados.

E isso é uma verdadeira democracia, não acha?

Livros Do Autor Da Série "Auto-Publicação Sem Gastar Um Centavo"

———

COMO TRADUZIR SEUS LIVROS SEM GASTAR UM CENTAVO

COMO VENDER SEUS LIVROS SEM GASTAR UM CENTAVO

Livros Do Autor Da Série "Romance Na India"

———

A UTISTAMENTE SEU

Livros Do Autor Da Série "A Fênix Quieta"

———

A FÊNIX QUIETA: UM GUIA PARA INTRO-VERTIDOS ASCENDEREM EM SUAS VI-DAS PESSOAIS E PROFISSIONAIS

A FÊNIX QUIETA 2: DA FRUSTRAÇÃO À RE-ALIZAÇÃO (MEMÓRIAS DE UMA CRIANÇA INTROVERTIDA)

CELEBRANDO OS QUIETOS: HISTÓRIAS AN-IMADORAS PARA PESSOAS INTROVERTIDAS E HIPERSENSÍVEIS

CELEBRANDO LÍDERES QUIETOS: HISTÓRIAS INSPIRADORAS DE LÍDERES IN-TROVERTIDOS QUE MUDARAM A HISTÓRIA

CELEBRANDO ARTISTAS QUIETOS: HISTÓRIAS INSPIRADORAS DE ARTISTAS IN-TROVERTIDOS

Livros Do Autor, Da Série "Cozinhar Num Instante"

——

COMO COZINHAR EM UM INSTANTE MESMO SE VOCÊ NUNCA COZINHOU SEQUER UM OVO

COZINHA SAUDÁVEL NUM INSTANTE: MANUAL COMPLETO SEM DIETAS OU MODISMOS

O GUIA DEFINITIVO PARA COZINHAR LENTILHAS À MANEIRA INDIANA

O GUIA DEFINITIVO PARA COZINHAR VEGETAIS À MANEIRA INDIANA

COMO COZINHAR COMIDA CASEIRA INDIANA EM UM INSTANTE

Faça Contato Com o Autor

———

O mundo dos ebooks é muito dinâmico; tanto que alguns livros desse gênero correm o risco de já estarem obsoletos no momento da publicação.

Minha intenção é, portanto, compartilhar com você as últimas novidades desse setor no meu blog, www.publishwith-prasen.com, onde terei o maior prazer em recebê-lo para uma visita.

Se tiver qualquer pergunta ou comentário, ou ainda se desejar colaborar comigo em projetos futuros, sinta-se à vontade para enviar um e-mail através do endereço prasenjeet@publishwith-prasen.com. Você pode também fazer contato com a tradutora através do e-mail Lygia.decker@gmail.com.

Gostaria muito também de fazer contato em redes sociais. Junte-se a mim no:

Twitter

https://twitter.com/PublishWithPras

Goodreads

https://www.goodreads.com/prasenjeet

Google Plus

https://www.google.com/+PrasenjeetKumarAuthor

Sobre o Autor

———

Prasenjeet Kumar é autor de mais de 16 livros em quatro gêneros: culinária (série Cozinhando Num Instante), livros motivacionais para introvertidos (série A Fênix Quieta), livros sobre auto publicação (série Auto Publicação Sem Gastar Um Centavo) e romance de ficção. Doze dos seus livros já foram traduzidos para espanhol, português, italiano e alemão.

Prasenjeet é formado em Direito pela University College London (2005-2008) e foi diplomado com honras em Filosofia no St. Stephen's College (2002-2005), Delhi University. Além disso, possui diploma do Curso de Prática Jurídica (LPC) da Escola de Direito de Bloomsbury, London.

Prasenjeet adora comidas gourmet, música, filmes, golfe e viajar. Já visitou dezessete países, dentre eles Alemanha, Canadá, China, Dinamarca, Dubai, Hong Kong, Indonésia, Macau, Malásia, Sharjah, Suíça, Suécia, Tailândia, Turquia, Reino Unido, Uzbequistão e Estados Unidos.

Prasenjeet é autodidata como designer, escritor e editor; é proprietário orgulhoso do site www.cookinginajiffy.com, dedicado à sua mãe. Possui também outro site www.publishwithprasen.com, onde compartilha dicas sobre como escrever e se auto publicar.

www.ingramcontent.com/pod-product-compliance
Lightning Source LLC
Chambersburg PA
CBHW020355290526
45785CB00005B/2295